10 STEP

4단계

능력 있는 기도

순출판사
CCC 한국대학생선교회

4단계 능력있는 기도

1985년 2월 28일 초판 발행
2013년 3월 27일 개정판 1쇄 발행
2024년 8월 9일 개정판 8쇄 발행

지 은 이 빌 브라이트
발 행 처 순출판사
감　　수 미래사역연구소
디 자 인 아이엠크리에이티브
일러스트 아이엠크리에이티브
주　　소 서울시 종로구 백석동 1가길 2-8
전　　화 02)722-6931~2 팩　스 02)722-6933
인 터 넷 http://www.kccc.org
등록번호 제 2020-000159호

값 2,500원
ISBN 978-89-389-0266-5

책 내용과 관련된 문의는 한국대학생선교회_미래사역연구소 (02-397-6269)로 문의 바랍니다.

CCC 10단계 성경교재

〈개정판〉

그리스도인은 날마다 영적으로 성장해야 합니다. 그리스도인이 성숙할수록 주님의 은혜를 더욱 풍성히 누리고 또 세상에서 주님을 위해 영향력 있는 삶을 살 수 있습니다.

CCC 10단계 성경교재〈개정판〉은 영적 성장에 필요한 하나님 말씀의 기본적이고 핵심적인 내용들을 담고 있습니다. 이 책을 공부하면 성경에 대한 지식과 중요한 교리뿐만 아니라 기독교 신앙의 광범위한 개관을 체계적으로 알 수 있으며 그리스도인의 삶의 특성과 그리스도인의 특권과 책임에 대해서도 배울 수 있습니다. 또한 나 자신의 영적 성장만 아니라 다른 사람을 그리스도에게 인도하거나 그의 믿음이 성장하도록 도울 수 있습니다.

이 교재는 중 · 고등학생에서부터 대학생과 성인, 모두가 사용할 수 있으며, 혼자서 공부할 수도 있고 그룹으로 함께 공부할 수 있는 주제별 성경공부 교재입니다.

CCC 10단계 성경교재〈개정판〉은 국제 CCC 창설자이신 고(故) 빌 브라이트 박사님의 지도하에 만들어진 책입니다. 책의 앞에 나오는 글은 빌 브라이트 박사가 하신 이야기입니다. 이 책은 본래 있던 교재를 다시 개정한 것입니다.

순(筍)

이새의 줄기에서 뻗어 나온 연한 순(筍)은 주님을 가리킨다(사 11:1; 53:1-12). 순은 가지에서부터 무한히 뻗는 동안 잎과 꽃과 열매를 맺는다. 순은 자신을 위해 있는 것이 아니라 숨어버리는 무한한 생명의 전달자요, 나룻배요, 어머니요, 수단이요, 기능일 뿐이다. 오늘도 CCC의 순(제자화를 위한 소그룹)은 이 땅에 '푸르고 푸른 그리스도의 계절'이 오도록 강인한 생명력으로 힘차게 뻗어가고 있다.

순(筍)출판사는 주님의 지상명령 성취와 한국 교회를 섬기기 위한 CCC의 문서사역을 감당합니다.

10 STEP

그리스도인의 성장을 위한
CCC 10단계 성경교재

능력 있는 기도

능력 있는 기도생활의 비결을 발견하기

기도란 무엇인가?

기도는 하나님과 대화하는 것이다. 그리스도인은 하나님의 자녀로서 하나님의 보좌 앞에 담대히 나오도록 초청받았다. 히브리서는 "그러므로 우리에게 큰 대제사장이 계시니 승천하신 이 곧 하나님의 아들 예수시라… 그러므로 우리는 긍휼하심을 받고 때를 따라 돕는 은혜를 얻기 위하여 은혜의 보좌 앞에 담대히 나아갈 것이니라."(히 4:14-16)고 말씀하고 있다.

하나님은 만왕의 왕이요 만주의 주이시며 하늘과 땅의 모든 권세를 가지셨다. 또한 하나님은 우리를 사랑하시며 돌보시고 우리와 교제하기를 기뻐하시는 우리의 아버지이시다. 지금까지 우리를 사랑하셨고 미래에 우리를 사랑할 그 어떤 사람보다 더 우리를 사랑하신다. 이 사실 때문에 우리는 기쁜 마음과 경외함으로 하나님의 임재 앞에 담대히 나아갈 수 있다.

어떤 이는 이렇게 말한다. "기도는 헌신의 통로일 뿐만 아니라 헌신을 창조한다. 헌신의 정신은 기도의 정신이다. 기도와 헌신은 영혼과 몸이, 생명과 심장이 연합되어 있듯이 서로 연합되어 있다. 헌신 없는 참된 기도가 없고 기도 없는 참된 헌신은 없다." 참된 기도는 우리가 하나님께 이야기할 때 우리에게 말씀하시도록 그분을 초청하여, 하늘에 계신 우리 아버지께 우리의 헌신을 표현하는 것이다.

누가 기도할 수 있는가?

누구든지 기도할 수 있다. 그러나 믿음으로 그리스도와 동행하며 그리스도께 순종하는 사람들만이 기도 응답을 기대할 수 있다. 예수님께서 "내가 곧 길이요, 진리요, 생명이니 나로 말미암지 않고는 아버지께로 올 자가 없느니라." (요 14:6)고 말씀하셨다. 하나님과의 교제는 예수님을 구주와 주님으로 우리 삶에 초청할 때 시작된다.

우리는 정결한 마음으로 기도해야 한다. 시편 기자는 "내가 나의 마음에 죄악을 품었더라면 주께서 듣지 아니하시리라."(시 66:18)고 말하고 있다. 우리 삶속에 고백하지 않은 죄가 있다면 하나님께서는 우리 기도에 응답해 주실 수 없다.

우리가 기도 응답을 기대한다면 믿음을 가져야 한다. 예수님은 "너희가 기도할 때에 무엇이든지 믿고 구하는 것은 다 받으리라."(마 21:22)고 하셨고, "너희 믿음대로 되라."(마 9:29)고 말씀하셨다. 하지만 우리들 중 소수만이 이 말씀을 진지하게 받아들인다. 하나님께서 우리에게 약속하신 것들을 믿음으로 주장하는 사람들이 거의 없다.

왜 기도해야 하는가?

첫째, 하나님께서 우리에게 기도하라고 명령하셨다. 신약성경에는 '기도하라'는 명령이 많이 있다. 깨어 기도하라(눅 21:36; 막 14:38). 감사함으로 기도하라(빌 4:6; 골 4:2). 성령으로 기도하라(고전 14:15). 항상 기도하고 낙심하지 말라(눅 18:1).

둘째, 우리는 하나님과 교제하기 위해 기도한다. 기도는 우리가 어려움으로부터 벗어나기 위한 도구나, 자신을 만족시키고 이기적인 목적을 성취하기 위한 수단이 아니다. 기도는 하나님과 대화하고 교제하는 '직통전화'이다. 기도를 통해 우리는 승리하는 삶에 필요한 양분을 받고 힘을 얻는다. 그리고 그리스도를 위한 증인이 되기 위해 담대함을 얻게 된다.

셋째, 성경에 근거하여 진실하게 기도하면 삶이 변화된다. 하나님께서는 이렇게 기도하는 사람들을 온전히 변화시키시고 그분의 뜻을 그들에게 드러내 보이신다. 뿐만 아니라 그들의 기도를 통하여 위대한 능력으로 자연과 사람 그리고 열방을 변화시키신다. 성경과 역사 속의 성령충만한 그리스도인들이 이것을 입증해준다.

누구에게 기도하는가?

우리는 성령을 통해 주 예수 그리스도의 이름으로 하나님 아버지께 기도한다. 우리가 하나님 아버지께 기도할 때 우리의 기도는 예수 그리스도로 말미암아 받아들여지고 성령께서 하나님 아버지께 그 기도를 전달하신다. 그런데 하나님은 삼위로 나타나시는 한분 하나님이시므로 예수님이나 성령께 기도하는 것도 전혀 문제 되지 않는다.

우리가 기도할 때 예수님과 성령께서도 우리를 위해 기도하신다. 바울은 로마서 8:34에서 "누가 정죄하리요 죽으실 뿐 아니라 다시 살아나신 이는 그리스도 예수시니 그는 하나님 우편에 계신 자요 우리를 위하여 간구하시는 자시니라."고 말한다. 또한 "성령도 우리의 연약함을 도우시나니… 마음을 살피시는 이가 성령의 생각을 아시나니 이는 성령이 하나님의 뜻대로 성도를 위하여 간구하심이니라."(26, 27절)라고 말한다.

언제 기도해야 하는가?

하나님은 우리에게 "쉬지 말고 기도하라(살전 5:17)"고 명령하신다. 찰스 스펄전(Charles H. Spurgeon)은 "땅에서 기도라는 줄을 잡아당기면 하나님의 귀에는 커다란 종소리가 울린다. 어떤 사람은 열의 없이 기도하기 때문에 종이 거의 울리지 않는다. 또 다른 사람들은 가끔 갑자기 줄을 잡아당긴다. 그러나 하늘에 계신 하나님과 대화하는 사람은 담대하게 밧줄을 붙잡고 지속적으로 온 힘을 다해 잡아당기는 사람이다."라고 말했다.

우리는 온종일 일하면서도 기도하여 하나님을 향한 우리의 헌신을 나타낼 수 있다. 나는 매일 아침을 기도로 시작하는 것이 얼마나 중요한가를 알게 되었다. 아침에 일어나면 무릎을 꿇고 "주님, 제가 주님 앞에 무릎을 꿇습니다. 주님은 저의 주인이십니다."라고 말씀드림으로 하나님을 예배한다. 온종일 나의 생각을 주님께 집중하고 나를 위해 베푸시는 그분의 선하심과 사랑과 은혜에 대해 그분께 이야기하며 자주 찬양하고 감사한다. 나는 날마다 해야 하는 수많은 결정을 위해 지혜를 구한다. 나는 친구들이나 모르는 사람들의 구원을 위해서, 아픈 사람들의 치유와 CCC와 다른 사역들의 영적, 물질적 필요들을 위해서도 기도한다. 나의 말과 행동뿐 아니라 옷차림을 통해서도 하나님께 영광을 돌리게 해 달라고 기도한다. 나의 생각으로 생각하시고 나의 마음으로 사랑하시고 나의 입술로 말씀하시도록 하나님께 요청한다. 예수님이 잃어버린 자를 찾아 구원하러 오셨기 때문에 나를 통해 잃어버린 자들을 찾아 구원해 달라고 간구한다.

저녁에 나는 "주님, 오늘 제가 주께서 기뻐하시지 않는 일, 고백해야 할 일을 한 것이 있습니까?"라고 기도한다. 성령님께서 어떤 죄나 약한 부분을 보여 주시면 그것들을 고백하고 내 삶에서 하나님의 용서와 승리를 믿음으로 주장한다. 그리고 나는 하나님의 말씀을 읽고 묵상하는 시간을 갖는다. 그러면 밤 시간 동안 내내 무의식적으로 주 예수님을 생각하게 된다.

항상 무릎을 꿇고 기도하거나 조용한 방에서 기도해야 하는 것은 아니다. 하나님께서는 우리가 어느 곳에서 무엇을 하든지 끊임없이 교제하기를 원하신다. 우리는 차 안에서도 기도할 수 있고 설거지를 하거나 길을 따라 걷고 있을 때도 기도할 수 있다. 우리의 생각과 소망을 주님과 자주 나눌수록 교제는 더 친밀해지고 우리는 주님께 더 가까이 가게 된다.

다음에 이어지는 과들을 주의 깊게 공부하여 기도의 중요성을 깨닫고 날마다 하늘에 계신 아버지와 교제하는 의미 있는 시간을 갖기 바란다.

제1과

왜 기도해야 하는가?

학 습 목 표 : 그리스도인의 생활에서 기도가 얼마나 중요한지 알 수 있다.

예수님도 기도하셨을까? 예수님도 기도가 필요했을까?

물론이다. 예수님은 기도를 하셨을 뿐만 아니라 기도에 대한 완벽한 순종의 본을 보여주셨다. 예수님은 아침부터 밤 늦게까지 대중 설교, 치유, 개인 면담, 여행, 제자 훈련 등 수많은 일을 하셔야 했지만 기도를 최우선 순위에 두셨다. 예수님께서 하나님 아버지와 홀로 교제하는 기도 시간을 그렇게 중요시했다면, 우리는 얼마나 더 많은 시간을 하나님과 교제하며 보내야 하겠는가?

누군가는 "사탄은 우리의 수고를 비웃고 우리의 지혜를 조롱하지만, 가장 약한 그리스도인일지라도 그가 무릎 꿇고 기도하면 무서워서 떤다."고 말했다. 기도는 하나님께서 그분의 일을 하시기 위해 정해 놓으신 방법이다. 기도는 하나님이 우리의 삶 가운데 역사하시도록 요청할 수 있는 가장 강력한 힘이다. 우리가 일하면 우리가 일하게 되지만, 우리가 기도하면 하나님이 일하신다(When we work, we work, but when we pray, God works!).

이 과는 기도가 그리스도인의 생활에서 왜 그렇게 중요한지 이해하도록 도울 것이다. 기도에 대해 주의 깊게 공부하고 그 원리들을 당신의 삶에 적용하라.

당신은 왜 기도하는가? 개인적인 경험을 나누라.

1 하나님은 왜 우리가 기도하기를 원하시는가?

마태복음 6:8에 "구하기 전에 너희에게 있어야 할 것을 하나님 너희 아버지께서 아시느니라."고 말씀하고 있다. 이 구절이 기도에 대해 가르치는 것은 무엇인가?

마태복음 6:8은 하나님께서 우리가 무엇이 필요한지를 아시기 위해 기도하라고 하신 것이 아니라는 사실을 가르쳐준다. 그렇다면 기도의 진정한 목적은 무엇인가? 다음의 목적들을 주목하라.

1) 하나님은 우리와 교제하기를 원하신다.

요한복음 3:5-8과 4:23-24을 읽으라.

요한복음 3:5-8 5예수께서 대답하시되 진실로 진실로 네게 이르노니 사람이 물과 성령으로 나
지 아니하면 하나님의 나라에 들어갈 수 없느니라 6육으로 난 것은 육이요 영으로 난 것은 영이
니 7내가 네게 거듭나야 하겠다 하는 말을 놀랍게 여기지 말라 8바람이 임의로 불매 네가 그 소
리는 들어도 어디서 와서 어디로 가는지 알지 못하나니 성령으로 난 사람도 다 그러하니라.
4:23-24 23아버지께 참되게 예배하는 자들은 영과 진리로 예배할 때가 오나니 곧 이 때라 아버
지께서는 자기에게 이렇게 예배하는 자들을 찾으시느니라 24하나님은 영이시니 예배하는 자
가 영과 진리로 예배할지니라.

(1) 성경에서 하나님은 어떤 분이라고 말하는가? (요 4:24)

(2) 하나님과 교제를 가지려면 먼저 우리에게 어떤 일이 일어나야 하는가?

(3) 하나님은 어떤 예배를 원하시는가?

(4) 위의 사실은 기도에 대해 무엇을 말해 주는가?

'하나님께서 우리와 교제하기 원하신다.'는 사실은 성경을 통해 우리에게 전해진 가장 놀라운 사실 중 하나일 것이다. 아주 놀라운 사실임에도 불구하고 그 중요성은 널리 인식되지 않았다. 하나님께서 자신의 창조물과 교제의 문을 여셨고, 우리와의 교제가 하나님께 만족과 기쁨과 즐거움이 된다는 사실은 이해하기 어렵다. 기도야말로 하나님을 만날 수 있는, 하나님께서 열어 주신 유일한 통로이다.

'아버지께서는 자기에게 예배하는 자를 찾으신다.'(요 4:23)는 말씀은, 우리 안에 주님을 구하는 열정과 소망을 북돋아준다. 자신의 유익과 만족만을 위해 성경을 읽고 기도하려는 일방적인 생각은 무의미해진다. 주님께서 우리와의 교제를 원하신다는 이 단순한 사실을 매일 아침마다 기억하라. 하나님께서 은혜를 주시기 위해 우리를 기다리시며 또한 우리가 그분 앞에 나아오기를 기다리고 계신다는 사실을 기억하면, 기도가 의무나 부담이 아니라 즐거움이 되고 암담한 시간들도 우리가 이겨내고 견딜 수 있을 것이다.

2) 기도는 신뢰의 표현이다.

(1) 마태복음 21:22은 기도에 대해 무엇을 가르쳐주는가?

마태복음 21:22 너희가 기도할 때에 무엇이든지 믿고 구하는 것은 다 받으리라 하시니라.

(2) 예수님께서 제자들에게 모범으로 가르쳐주신 주기도문은 "하늘에 계신 우리 아버지" (마 6:9)로 시작한다. 이것은 우리에게 무엇을 가르쳐주는가?

3) 기도는 마음속의 가장 깊은 갈망을 충족시킨다.

(1) 시편의 저자는 무엇을 노래하고 있는가? (시 42:1-2)

(2) 시편의 저자가 아침에 눈을 뜨자마자 가장 원하는 것은 무엇인가? (시 5:1-3) 나는 아침마다 무엇을 원하며 무엇을 주로 하는가?

기도는 우리 영혼의 목마름을 충족시켜 준다. 기도하지 않는 이유는 하나님을 향한 목마름이 없기 때문이다. 우리는 하나님께 필요한 무언가를 얻기 위해서만 기도하는가? 아니면 하나님을 구하는가?

4) 위의 기도의 목적 외에도 또 다른 기도의 목적이 있다.

(1) 다음 성구에 나타난 목적을 적어 보라.

① 마태복음 7:7

② 마태복음 9:38

③ 마태복음 26:41

④ 요한복음 14:13

요한복음 14:13 너희가 내 이름으로 무엇을 구하든지 내가 행하리니 이는 아버지로 하여금 아들로 말미암아 영광을 받으시게 하려 함이라

⑤ 골로새서 4:3

골로새서 4:3 또한 우리를 위하여 기도하되 하나님이 전도할 문을 우리에게 열어 주사 그리스도의 비밀을 말하게 하시기를 구하라 내가 이 일 때문에 매임을 당하였노라

(2) 여기에 나타난 기도의 또 다른 목적들을 크게 두 가지 영역으로 나누어 보라.

첫째 :

둘째 :

2 사도들은 어떻게 기도를 했는가?

사도행전 4장을 읽으라.

1) 사도들이 당면했던 문제는 무엇이었는가?

2) 사도들은 왜 박해를 없애달라고 기도하지 않았는가?

3) 오히려 사도들은 무엇을 위해 기도했는가? (29-30절)

기도는 곤경에서 벗어나기 위한 비상구가 아니며, 안락한 삶을 살기 위한 도구도 아니다. 사도들처럼 우리에게 희생이 따를지라도 하나님의 영광을 위해 기도해야 한다.

적용

1. 이 과에서 당신에게 가장 의미 있는 것은 무엇인가?

2. 당신이 기도하는 동기와 하나님의 기도의 목적에서 깨달은 것은 무엇인가?

3. 기도노트를 만들고 기도제목과 응답받은 날짜를 기록하라.
(순출판사의 『세상을 담는 기도주머니』 기도노트를 활용해도 좋다.)

날짜	기도 내용	응답 받은 날짜

외울 말씀 **요한복음 14:13**
너희가 내 이름으로 무엇을 구하든지 내가 행하리니 이는 아버지로 하여금 아들로 말미암아 영광을 받으시게 하려 함이라

읽을 말씀 **사도행전 1-2장**

제2과
누구에게 기도하는가?

학 습 목 표 : 기도에 있어서 아버지와 아들과 성령 하나님의 역할이 무엇인지를 배울 수 있다.

히브리서 기자는 "그러므로 우리가 긍휼하심을 받고 때를 따라 돕는 은혜를 얻기 위하여 은혜의 보좌 앞에 담대히 나아갈 것이니라."(히 4:16)고 말하고 있다. 그렇다면 어떻게 우리가 온 우주를 다스리시는 권능의 하나님께 나아갈 수 있는가? 우리가 그분에게 직접 기도할 수 있는가? 아니면 우리가 예수님께 기도하고 그분에게 우리의 필요를 하나님께 알려 달라고 요청해야 하는가? 어떻게 우리가 거룩하신 하나님 앞에 담대하게 나아갈 수 있는가?

아버지와 아들과 성령 하나님은 모든 일에 있어서 완전한 연합과 조화를 통해 역사하시지만 또한 각각 뚜렷한 역할을 하신다. 이 과에서는 삼위일체 하나님께서 어떻게 우리 기도에 관여하시는지, 그리고 왜 각각 개별적이면서도 연합을 통해 그 역할을 수행하시는지를 배우게 될 것이다.

1 우리는 왜 '예수님의 이름으로' 기도하는가?

1) 우리는 기도 끝에 꼭 '예수님의 이름으로 기도합니다'로 마친다.
이렇게 기도를 마치는 이유는 무엇인가? 다음에서 맞는 답을 골라 ○표 해보라.

(1) 기도의 능력을 제공하는 주술적인 공식이다. (　　)
(2) 이것을 붙이지 않으면 내 기도는 무효화된다. (　　)
(3) 일종의 형식이지 큰 의미는 없다. (　　)
(4) 오랫동안 내려온 전통이요 습관이므로 꼭 해야 한다. (　　)
(5) 기도가 끝났다는 신호이다. (　　)
(6) 그냥 남들이 하니까 따라한다. (　　)
(7) 위에 답이 없다. (　　)

2) '예수님의 이름으로'의 의미

(1) 다음의 구절들을 찾아 읽고 '예수님의 이름으로'가 의미하는 바를 생각해 보라.

① 요한복음 14:13-14

② 요한복음 15:16

③ 요한복음 16:23-24

(2) 베드로는 앉은뱅이에게 베드로의 이름이 아닌 "나사렛 예수의 이름으로 일어나 걸으라."(행 3:6)고 명했다. 이것은 무엇을 의미하는가?

(3) 사도바울은 사도행전 16:18에서 어떠한 일을 했는가?

(4) 위의 구절들을 참고하여 '예수 그리스도의 이름으로'라는 말의 뜻을 네 가지로 정리해 보라. 무엇을 의미하는가?

첫째, 나의 권세와 권위가 아닌 예수님의 (　　　　　　　　　　) 한다는 뜻이다.

둘째, 예수님의 전 (　　　　　) 에 합당한 기도를 한다는 의미이다.

셋째, 하나님을 나타내시고 하나님의 뜻을 성취하시는 (   ) 에 적극 참여함의 믿음의 표현이다.

넷째, 예수님께서 하신 사역에 대한 (   ) 이다.

이 멋진 신학적, 신앙적 고백의 표현을 형식적으로, 주술적으로, 습관적으로 사용하는 것은 죄에 가깝다. 이 표현을 쓸 때마다 감사와 감격이 있어야 한다.

2 우리는 누구에게 기도해야 하는가?

…어떤 사람들은 "모든 기도가 다 하나님께 드려지는 것이 아닌가?"라고 말한다. 그렇지 않다. 대표 기도이든 개인 기도이든 모든 기도가 하나님께 드려지는 것은 아니다. 기도가 참으로 하나님께 드려지려면 기도할 때 분명하게 의식적으로 하나님께 나아가야 한다. 하나님께서 우리를 향하시며 진지하게 듣고 계신다는 것을 분명하고 생생하게 깨달아야 한다. 기도할 때 대부분 하나님을 생각하지 않는다. 우리의 마음이 전능하시고 사랑이 많으신 아버지께 사로잡혀 있지 않다. 우리는 기도하는 대상에 집중하지 않고 온 세상 이곳저곳을 헤매고 다닌다. 우리가 진실로 하나님의 임재 안에 거하고 진실로 그분의 얼굴을 대하여 만나고, 우리가 바라는 것을 진실로 그분에게 구할 때 거기에 능력이 있다.

– R. A. 토레이, 『기도하는 방법』 중에서

1) 성부 하나님

(1) 우리는 누구에게 기도해야 하는가? (마 6:6)

마태복음 6:6 너는 기도할 때에 네 골방에 들어가 문을 닫고 은밀한 중에 계신 네 아버지께 기도하라 은밀한 중에 보시는 네 아버지께서 갚으시리라

(2) 우리가 기도하는 그분은 어떤 분인가?

① 역대상 29:11-12

역대상 29:11-12 [11]여호와여 위대하심과 권능과 영광과 승리와 위엄이 다 주께 속하였사오니
천지에 있는 것이 다 주의 것이로소이다 여호와여 주권도 주께 속하였사오니 주는 높으사 만
물의 머리이심이니이다 [12]부와 귀가 주께로 말미암고 또 주는 만물의 주재가 되사 손에 권세와
능력이 있사오니 모든 사람을 크게 하심과 강하게 하심이 주의 손에 있나이다

② 시편 145:18

시편 145:18 여호와께서는 자기에게 간구하는 모든 자 곧 진실하게 간구하는 모든 자에게 가까이 하시는도다

성부 하나님께 기도 드리는 것이 가장 기본적이며, 구약의 기도뿐 아니라 예수님께서 가르쳐주신 주기도문의 본을 따르는 것이다. 이것은 합당할 뿐만 아니라 당연한 것이다.

2) 성자 하나님

(1) 우리가 성자 예수님께 직접 기도할 수 있다고 생각하는가?

(2) 다음의 구절들을 보며 누구에게 무엇을 기도했는지 찾아보라.

① 사도행전 7:59

사도행전 7:59 그들이 돌로 스데반을 치니 스데반이 부르짖어 이르되 주 예수여 내 영혼을 받으시옵소서 하고

② 고린도전서 16:22

고린도전서 16:22 만일 누구든지 주를 사랑하지 아니하면 저주를 받을지어다 우리 주여 오시옵소서

③ 고린도후서 12:8

고린도후서 12:8 이것이 내게서 떠나가게 하기 위하여 내가 세 번 주께 간구하였더니

④ 요한계시록 22:20

요한계시록 22:20 이것들을 증언하신 이가 이르시되 내가 진실로 속히 오리라 하시거늘 아멘 주 예수여 오시옵소서

(3) 우리의 위대한 대제사장이신 예수님은 어떤 분인가? (히 4:14-16)

히브리서 4:14-16 14그러므로 우리에게 큰 대제사장이 계시니 승천하신 이 곧 하나님의 아들
예수시라 우리가 믿는 도리를 굳게 잡을지어다 15우리에게 있는 대제사장은 우리의 연약함을
동정하지 못하실 이가 아니요 모든 일에 우리와 똑같이 시험을 받으신 이로되 죄는 없으시니
라 16그러므로 우리는 긍휼하심을 받고 때를 따라 돕는 은혜를 얻기 위하여 은혜의 보좌 앞에
담대히 나아갈 것이니라

이렇게 위대한 대제사장이신 예수님께 기도하라!

예수님의 이름은 하나님께 모든 것을 의미한다. 하나님은 예수님을 하늘 가장 높은 곳으로 올리셨고 그의 이름을 하늘과 땅에 있는 어떤 이름보다도 높이셨다(빌 2:5-11). 모든 이름 위에 뛰어난 예수님의 이름으로 죄 사함을 받고(행 2:38), 예수님의 이름으로 치유 받는다(행 3:6-16; 4:10, 30). 예수님의 이름으로 기도하는 것은 우리에게 주신 특권 중의 특권이다.

3) 성령님

(1) 성경에서 성령께 기도한 구절은 한 군데도 없다. 그러나 성령께서 우리의 기도를 도와주신다고 말한 구절은 찾아볼 수 있다. 로마서 8:26-27을 읽으라.

로마서 8:26-27 26이와 같이 성령도 우리의 연약함을 도우시나니 우리는 마땅히 기도할 바를 알지 못하나 오직 성령이 말할 수 없는 탄식으로 우리를 위하여 친히 간구하시느니라 27마음을 살피시는 이가 성령의 생각을 아시나니 이는 성령이 하나님의 뜻대로 성도를 위하여 간구하심이니라

① 왜 성령께서 우리의 기도를 도와주셔야 하는가?

② 성령께서 어떻게 우리의 기도를 도우시는가?

③ 왜 하나님께서 성령님의 기도를 들으시는가?

(2) 그렇다면, 우리가 성령님께 기도할 수 있는가?

① 성령님께 기도한 성경구절도 없지만, 그것을 금한 성경구절도 없다.

② 성령님도 삼위일체의 한분이시므로 얼마든지 성령님께도 기도할 수 있다.

③ 성령님의 사역에 관계된 영역에서는 얼마든지 성령님께 기도할 수 있다. 성령님은 우리의 기도를 도와주신다. 기도가 어려울 때 성령님께 도움을 구하라.

우리는 성령 안에서 기도해야 한다. 성령 안에서 기도하지 않으면 기도의 능력을 체험할 수 없다. 오직 성령 충만할 때 역동적인 믿음의 기도를 할 수 있다. 성령의 인도함을 받지 않으면 육적이고 이기적이고 무기력한 기도를 할 수밖에 없다.

스펄전(C.H. Spurgeon) 목사는 다음과 같이 말했다. “당신의 모든 염려는 하나님의 귀 외에 다른 곳에는 털어놓을 곳이 없다. 당신이 걱정거리를 친구들에게 털어 놓는다면 잠시 시원하기는 하겠지만, 그 걱정거리는 다시 당신에게로 온다. 기도를 통해 주님께 그 짐을 던져라. 그러면 결코 다시는 떠오를 수 없는 깊은 심연으로 사라지게 될 것이다. 당신의 죄를 던져버린 바로 그곳에 당신의 문제를 던져버리라. 문제가 생기면 30분을 넘기지 말라. 곧 기도로 하나님께 당신의 문제를 아뢰라. 문제가 생기자마자 먼저 해야 할 것은 기도로 하나님 아버지께 곧 아뢰는 것이다.”

적용

1. 이 과에서 당신에게 가장 의미 있는 것은 무엇인가?

2. 삼위일체 하나님께 기도하는 것과 다른 종교에서 기도하는 것은 어떤 차이점이 있을까? (참고. 시 115:3-9)

* 기도에 관한 추천도서

박성민, 『기도와 신앙고백의 패러다임』 (서울:순출판사,2003)
김준곤, 『리바이벌:금식기도의 실제적 지침서』 (서울:순출판사,1998)
김석원, 『기도의 신학』 (서울:순출판사,1999)
보넷 브라잇, 『기도로 사는 삶』 (서울:순출판사,1993)

외울 말씀 **빌립보서 4:6-7**

아무 것도 염려하지 말고 다만 모든 일에 기도와 간구로, 너희 구할 것을 감사함으로 하나님께 아뢰라 그리하면 모든 지각에 뛰어난 하나님의 평강이 그리스도 예수 안에서 너희 마음과 생각을 지키시리라

읽을 말씀 **사도행전 3-4장**

제3과

어떻게 기도해야 하는가?

학 습 목 표 : 기도 시간을 더 풍성하게 하기 위한 기도의 방법과 요소들을 배워 당신의 일상적인 기도 시간에 적용할 수 있다.

『천로역정』의 저자 존 번연은 "기도할 때 진심 없는 말보다 말없이 진심으로 기도하는 것이 더 낫다."고 말했다. 하나님께서는 우리의 말보다 우리의 마음에 더 관심을 가지신다.

기도할 때 우리가 따라야 할 간단한 지침이 있다. 단순한 지침을 따르는 것은 유익하지만 형식적이 되지 않도록 하라.

하나님의 말씀은 효과적인 기도를 위해 기도의 내용과 관련하여 몇 가지 기본적인 요소들을 알려 준다. 이 과에서는 일상적인 기도생활에 사용할 수 있는 간단한 지침을 살펴볼 것이다.

기도에 포함된 4가지 요소를 영어의 첫 글자로 연결하여 ACTS라는 말로 쉽게 기억할 수 있다.

* 찬양 – **A**doration
* 고백 – **C**onfession
* 감사 – **T**hanksgiving
* 간구 – **S**upplication

기도의 요소들인 찬양, 죄 고백, 감사, 간구는 모두 하나님께 영광을 돌리려는 공통의 목적을 갖는다. 단순히 개인의 즐거움만을 위해 기도하고 하나님의 영광을 구하지 않는다면 그것은 헛된 기도일 뿐이다.

1 찬양(Adoration)

찬양은 하나님의 전능하심과 인생 모든 분야의 주권적 통치로 인해 거룩하신 하나님께 영광을 드리는 행동, 곧 뜨거운 헌신과 애정을 바치는 것이다.

1) 왜 우리는 하나님을 찬양해야 하는가?

(1) 요한일서 4:10

요한일서 4:10 사랑은 여기 있으니 우리가 하나님을 사랑한 것이 아니요 하나님이 우리를 사랑하사 우리 죄를 속하기 위하여 화목제물로 그 아들을 보내셨음이라

(2) 시편 100:1-5

(3) 요한계시록 4:11

요한계시록 4:11 우리 주 하나님이여 영광과 존귀와 권능을 받으시는 것이 합당하오니 주께서 만물을 지으신지라 만물이 주의 뜻대로 있었고 또 지으심을 받았나이다 하더라

2) 지금 이 시간 찬양받기 합당하신 하나님께 찬양을 드리라. 하나님의 성품, 행하신 일들과 당신 삶의 구체적인 내용을 가지고 하나님을 찬양하라.

2 죄 고백(Confession)

1) 하나님과의 교제를 방해하는 것은 무엇인가? (사 59:1-2)

이사야 59:1-2 1여호와의 손이 짧아 구원하지 못하심도 아니요 귀가 둔하여 듣지 못하심도 아
니라 2오직 너희 죄악이 너희와 너희 하나님 사이를 갈라놓았고 너희 죄가 그의 얼굴을 가리어
서 너희에게서 듣지 않으시게 함이니라.

2) 시편 32:1-7을 읽으라.

(1) 죄를 고백하지 않았을 때 다윗은 어떠했는가? (3, 4절)

(2) 죄를 고백했을 때 다윗은 무엇을 경험했는가? (5절)

3) 시편 51편은 다윗이 하나님과 교제가 끊어진 이후 드렸던 기도이다. 결국 다윗은 하나님께서 그에게 원하시는 것이 무엇이라고 결론 내렸는가? (시 51:6, 16,-17)

4) 기억하지 못하거나 인식하지 못한 죄들에 관해서는 어떻게 해야 하는가? (시 19:12)

5) 지금 현재 당신이 하나님과의 교제가 끊어졌다면 요한일서 1:9의 말씀을 의지하여 죄를 고백하라. 그리고 그분의 용서하심을 받아들여라.

요한일서1:9 만일 우리가 우리 죄를 자백하면 그는 미쁘시고 의로우사 우리 죄를 사하시며 우리를 모든 불의에서 깨끗하게 하실 것이요.

3 감사(Thanksgiving)

1) 골로새서 4:2은 기도에 대해 무엇을 가르치는가?

골로새서 4:2 기도를 계속하고 기도에 감사함으로 깨어 있으라

2) 모든 상황에서 하나님께 대한 당신의 믿음과 신뢰를 나타내는 최선의 방법은 무엇인가? (빌 4:6)

빌립보서 4:6 아무것도 염려하지 말고 다만 모든 일에 기도와 간구로, 너희 구할 것을 감사함으로 하나님께 아뢰라

3) 어려운 상황에 닥쳤을 때는 어떻게 해야 하는가? (롬 5:3-4)

로마서 5:3-4 [3]다만 이뿐 아니라 우리가 환난 중에도 즐거워하나니 [4]이는 환난은 인내를, 인내는 연단을, 연단은 소망을 이루는 줄 앎이로다

4) 왜 그렇게 해야 하는가? (롬 8:28)

5) 당신이 지금 고민하고 있는 문제, 실망스러운 일, 골칫거리 또는 어려운 일을 적어 보라. 이 모든 일에 대해 하나님께 감사하라. 감사는 하나님을 향한 당신의 믿음의 표현이다.

4 간구(Supplication)

1) 중보기도(intercession, 자신이 아닌 다른 사람을 위한 기도를 중보기도라고 한다.)

(1) 중보기도의 모범은 골로새서 1:3-5, 9-12에서 볼 수 있다. 바울은 골로새 그리스도인들을 위해 어떻게 기도했는가?

우리가 다른 사람들에게 줄 수 있는 가장 큰 선물은 그리스도를 전하는 것이다. 전도 대상자를 위해 충분히 기도한 후 복음을 전하는 것이 하나님께서 정하신 순서이다. 이런 순서를 따르면 좋은 결과를 얻게 될 것이다. 기도는 진실로 사람들을 그리스도께로 인도하는 방법이다. 복음을 전하는 것은 단지 기도의 열매를 거두는 것일 뿐이다.

(2) 당신 주변에 있는 그리스도인들과 비그리스도인들을 위한 기도제목을 적어 보라.

2) 기원 (Petition)

(1) 하나님께서 우리의 기도에 응답해 주실 것을 기대할 수 있는 이유는 무엇인가? (마 7:9-11; 롬 8:32)

마태복음 7:9-11 9너희 중에 누가 아들이 떡을 달라 하는데 돌을 주며 10생선을 달라 하는데 뱀
을 줄 사람이 있겠느냐 11너희가 악한 자라도 좋은 것으로 자식에게 줄 줄 알거든 하물며 하늘
에 계신 너희 아버지께서 구하는 자에게 좋은 것으로 주시지 않겠느냐

로마서 8:32 자기 아들을 아끼지 아니하시고 우리 모든 사람을 위하여 내주신 이가 어찌 그 아들과 함께 모든 것을 우리에게 주시지 아니하겠느냐

(2) 기도할 때 믿음은 어떤 역할을 하는가? (막 11:24)

마가복음 11:24 그러므로 내가 너희에게 말하노니 무엇이든지 기도하고 구하는 것은 받은 줄로 믿으라 그리하면 너희에게 그대로 되리라

(3) 믿음은 응답받는 기도의 필수 요소이다. 이 외에 또 무엇이 필요한가?
(요일 5:14-15; 마 26:39)

요한일서 5:14-15 14그를 향하여 우리가 가진 바 담대함이 이것이니 그의 뜻대로 무엇을 구하면 들으심이라 15우리가 무엇이든지 구하는 바를 들으시는 줄을 안즉 우리가 그에게 구한 그것을 얻은 줄을 또한 아느니라

마태복음 26:39 조금 나아가사 얼굴을 땅에 대시고 엎드려 기도하여 이르시되 내 아버지여 만일 할 만하시거든 이 잔을 내게서 지나가게 하옵소서 그러나 나의 원대로 마시옵고 아버지의 원대로 하옵소서 하시고

(4) 어떤 기도는 왜 하나님께서 응답하지 않으시는가? (약 1:6-8; 4:3)

야고보서 1:6-8 6오직 믿음으로 구하고 조금도 의심하지 말라 의심하는 자는 마치 바람에 밀
려 요동하는 바다 물결 같으니 7이런 사람은 무엇이든지 주께 얻기를 생각하지 말라 8두 마음
을 품어 모든 일에 정함이 없는 자로다

야고보서 4:3 구하여도 받지 못함은 정욕으로 쓰려고 잘못 구하기 때문이라

(5) 응답받지 못한 기도에 대해서 성경은 어떻게 가르치는가? (고후 12:7-10)

고린도후서 12:7-10 7여러 계시를 받은 것이 지극히 크므로 너무 자만하지 않게 하시려고 내
육체에 가시 곧 사탄의 사자를 주셨으니 이는 나를 쳐서 너무 자만하지 않게 하려 하심이라 8
이것이 내게서 떠나가게 하기 위하여 내가 세 번 주께 간구하였더니 9나에게 이르시기를 내 은
혜가 네게 족하도다 이는 내 능력이 약한 데서 온전하여짐이라 하신지라 그러므로 도리어 크
게 기뻐함으로 나의 여러 약한 것들에 대하여 자랑하리니 이는 그리스도의 능력이 내게 머물
게 하려 함이라 10그러므로 내가 그리스도를 위하여 약한 것들과 능욕과 궁핍과 박해와 곤고를
기뻐하노니 이는 내가 약한 그때에 강함이라

3) 서로의 기도제목을 나누고 서로를 위해 중보기도하라.

적용

1. 이 과에서 당신에게 가장 의미 있는 것은 무엇인가?

2. 당신이 1과 마지막 부분에서 적었던 기도목록에 새로운 기도제목을 첨가하라.

3. 매일 홀로 하나님께 드리는 기도 시간에 이 기도지침(ACTS)을 활용하라. 며칠이 지난 후에 당신의 기도제목이 어떻게 바뀌었는지 기록해 보라.

외울 말씀 **시편 32:6**
이로 말미암아 모든 경건한 자는 주를 만날 기회를 얻어서 주께 기도할 지라 진실로 홍수가 범람할지라도 그에게 미치지 못하리이다

읽을 말씀 **사도행전 5-6장**

제4과
기도의 능력을 경험하라!

학 습 목 표 : 믿음으로 기도의 능력을 경험하는 법을 배울 수 있다.

조나단 고포드(Jonathan Goforth)는 기도의 능력을 경험한 사람이었다. 기도하는 중에 하나님의 뜻이라는 확신을 갖게 되면 그는 그 일이 성취될 때까지 능력을 얻기 위해 계속해서 기도했다.

많은 위대한 일들이 이 능력 있는 기도의 사람을 통해 성취되었다. 이 과의 목적은 당신이 기도의 능력을 경험하게 하여 보다 효과적이고 만족스러운 기도를 하게 하는 데 있다.

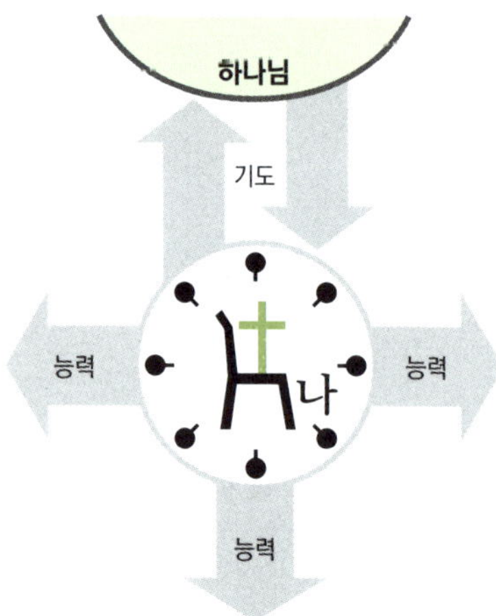

1 응답 받는 기도의 능력

1) 사도행전 12:5-18을 읽으라.

(1) 베드로가 옥에 갇혔을 때 믿는 형제들은 어떻게 반응하였는가? (5절)

(2) 그들의 기도에 대해 하나님께서 어떻게 응답하셨는가? (6-11절)

(3) 하나님의 응답에 대해 그들은 어떤 반응을 보였는가? (13-16절)

(4) 하나님께서 당신의 기도에 응답하시는 것을 경험한다면 기도에 대한 당신의 태도가 어떻게 변하겠는가?

2) 능력 있는 기도를 하기 위해 하나님께서 요구하시는 것은 무엇인가?

(1) 히브리서 11:1, 6

히브리서 11:1, 6 [1]믿음은 바라는 것들의 실상이요 보이지 않는 것들의 증거니 [6]믿음이 없이는 하나님을 기쁘시게 하지 못하나니 하나님께 나아가는 자는 반드시 그가 계신 것과 또한 그가 자기를 찾는 자들에게 상주시는 이심을 믿어야 할지니라

(2) 로마서 12:1-2

로마서 12:1-2 [1]그러므로 형제들아 내가 하나님의 모든 자비하심으로 너희를 권하노니 너희 몸을 하나님이 기뻐하시는 거룩한 산 제물로 드리라 이는 너희가 드릴 영적 예배니라 [2]너희는 이 세대를 본받지 말고 오직 마음을 새롭게 함으로 변화를 받아 하나님의 선하시고 기뻐하시고 온전하신 뜻이 무엇인지 분별하도록 하라

(3) 마가복음 11:25

마가복음 11:25 서서 기도할 때에 아무에게나 혐의가 있거든 용서하라 그리하여야 하늘에 계신 너희 아버지께서도 너희 허물을 사하여 주시리라 하시니라

(4) 요한일서 3:22

요한일서 3:22 무엇이든지 구하는 바를 그에게서 받나니 이는 우리가 그의 계명을 지키고 그 앞에서 기뻐하시는 것을 행함이라

(5) 에베소서 5:18

에베소서 5:18 술 취하지 말라 이는 방탕한 것이니 오직 성령으로 충만함을 받으라

2 응답 받는 기도의 조건

1) 응답받는 기도의 조건은 무엇인가? (요일 5:14-15)

요한일서 5:14-15 14그를 향하여 우리가 가진 바 담대함이 이것이니 그의 뜻대로 무엇을 구하
면 들으심이라 15우리가 무엇이든지 구하는 바를 들으시는 줄을 안즉 우리가 그에게 구한 그
것을 얻은 줄을 또한 아느니라

(1) 하나님의 뜻은 어떻게 알 수 있는가? (요 15:7)

요한복음 15:7 너희가 내 안에 거하고 내 말이 너희 안에 거하면 무엇이든지 원하는 대로 구하라 그리하면 이루리라

(2) 하나님의 뜻을 성경에서 뚜렷이 알 수 없는 경우에는 당신은 어떻게 하는가?

몇 가지 알아야 할 원리가 있다.

1. 모호하게 보이는 경우라도 잘 생각해 보면 여전히 말씀에서 답을 찾을 수 있는 경우가 많이 있다.

2. 동기를 잘 살펴보라.
동기가 중요하다. 나의 동기가 성경적인가를 분별해야 한다. 나의 기도가 하나님의 영광과 그분의 뜻을 따른 것인지 아니면 이기적인 욕망을 만족시키기 위한 것인지 신중하게 고려함으로 알 수 있다.
"너희가 얻지 못함은 구하지 아니하기 때문이요 구하여도 얻지 못함은 정욕으로 쓰려고 잘못 구하기 때문이라."(약 4:3)

3. "하나님의 거룩한 뜻대로 인도해 달라"고 하나님께 맡기는 믿음의 기도를 .
좀 더 잘 알 수 있도록 그리고 최선의 선택을 할 수 있도록 요청하는 기도를 하라.

4. 잠잠히 하나님께서 응답하실 때까지 기다리라.
(시편 38:15 여호와여 내가 주를 바랐사오니[기다린다는 뜻] 내 주 하나님이 내게 응답하시리이다.)

이런 과정을 거치는 동안 문제가 분명해지는 경우가 많이 있다. 하나님께서 내 마음을 바꾸시기도 하고, 상황을 변화시키시기도 하며, 새로운 통찰력을 주시기도 한다. 판단할 수 있는 지혜와 확신도 주신다. 그러므로 상황이 아무리 모호한 경우일지라도 염려하지 말고 천천히 이런 과정을 거치면서 하나님께 기도함으로 상황을 돌파하라.

2) 한 사람이 기도하는 것에 비해 여러 사람이 함께 기도하는 것이 어떤 효과가 있는가? (마 18:19)

마태복음 18:19 진실로 다시 너희에게 이르노니 너희 중의 두 사람이 땅에서 합심하여 무엇이든지 구하면 하늘에 계신 내 아버지께서 그들을 위하여 이루게 하시리라

3 끈질긴 기도

조지 뮬러(George Muller)는 평생 동안 5만 번 이상 기도의 응답을 받았다. 그는 60년 이상 두 사람을 위해 매일 기도했다. 그 중 한 사람은 뮬러가 세상을 떠나기 직전에 회심하였고, 다른 한 사람은 뮬러가 죽은 후 약 1년 만에 회심하였다. 뮬러가 경험한 것처럼 우리는 항상 기도의 응답을 볼 수 있는 것은 아니다. 우리는 그 결과를 하나님께 맡겨야 한다. 오늘날 우리에게 필요한 일 중 하나는 어떤 일을 위해 기도를 시작할 뿐만 아니라 그것이 응답될 때까지 계속 꾸준히 기도하는 것이다.

1) 엘리야는 끈질긴 기도를 통해 무엇을 성취했는가? (약 5:17-18; 왕상 18:41-46)

야고보서 5:17-18 17엘리야는 우리와 성정이 같은 사람이로되 그가 비가 오지 않기를 간절히
기도한즉 삼 년 육 개월 동안 땅에 비가 오지 아니하고 18다시 기도하니 하늘이 비를 주고 땅
이 열매를 맺었느니라

2) 하나님이 우리의 끈질긴 기도를 귀하게 보시는 이유는 무엇인가? (눅 18:1-8)

3) 열왕기상 18장의 엘리야와 누가복음 18장의 과부의 예는 당신이 기도할 때 어떤 도움을 주는가?

4) 끈질긴 기도의 응답으로 하나님께서 당신이나 당신이 알고 있는 어떤 사람을 위해 행하셨던 일을 나누어 보라.

적 용

1. 이 과에서 당신에게 가장 의미 있는 것은 무엇인가?

2. 응답받는 기도의 조건에 비추어 당신의 기도생활을 점검해 보라.

3. 당신이 끈질기게 기도하려는 기도제목을 한 가지 적으라.

외울 말씀 야고보서 5:16
그러므로 너희 죄를 서로 고백하며 병이 낫기를 위하여 서로 기도하라
의인의 간구는 역사하는 힘이 큼이니라

읽을 말씀 사도행전 7-8장

제5과

하나님의 약속을 붙잡아라!

학 습 목 표 : 기도에 대한 하나님의 약속을 알고 주장할 수 있다.

성경에는 대략 5,000가지 이상의 개인적인 약속들이 있다. 그러나 많은 그리스도인들이 이 약속들을 믿음으로 주장하지 않기 때문에 그들에게는 별 의미가 없거나 유익이 없다. 믿음은 곧 행동을 의미한다. 예를 들면, 창고에 아무리 많은 시멘트가 있을지라도 물과 모래와 자갈을 함께 섞지 않는다면 콘크리트가 될 수 없다. 마찬가지로 하나님의 약속도 우리의 믿음과 행동이 없다면 구체화되시 않을 것이다. 우리가 하나님의 약속들을 믿고 믿음으로 행하면 그것들은 틀림없이 당신의 것이 될 것이다.

이 과에서 당신은 여러 가지 응답 받는 기도의 조건과 하나님의 약속 그리고 하나님의 공급하심에 대해서 배우게 될 것이다.

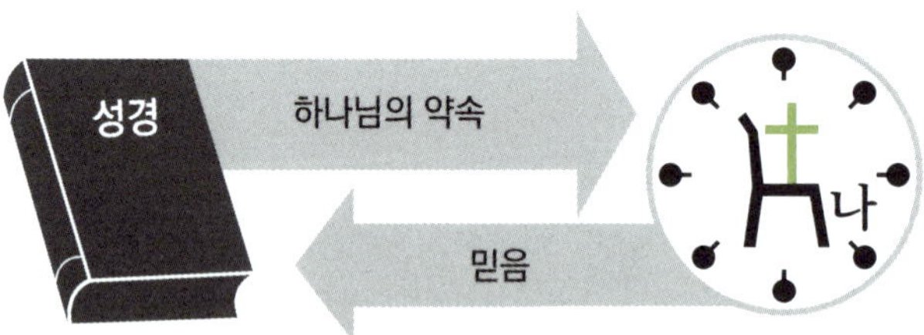

1 기도에 관한 하나님의 약속

다음 성경 구절을 찾아보고 기도 응답의 조건과 하나님의 약속을 적어 보라.

1) 예레미야 33:3

(1) 조건 :

(2) 약속 :

2) 베드로전서 3:11-12

(1) 조건 :

(2) 약속 :

3) 요한일서 3:22-23

(1) 조건 :

(2) 약속 :

4) 요한복음 14:14

(1) 조건 :

(2) 약속 :

2 기도를 통한 하나님의 공급하심

다음 성경 구절에서 각 필요에 따른 하나님의 약속을 적어 보라.

1) 물질적인 필요

(1) 빌립보서 4:19

빌립보서 4:19 나의 하나님이 그리스도 예수 안에서 영광 가운데 그 풍성한 대로 너희 모든 쓸 것을 채우시리라

(2) 시편 84:11

시편 84:11 여호와 하나님은 해요 방패이시라 여호와께서 은혜와 영화를 주시며 정직하게 행하는 자에게 좋은 것을 아끼지 아니하실 것임이니이다

2) 인도하심

(1) 잠언 3:5-6

잠언 3:5-6 5너는 마음을 다하여 여호와를 신뢰하고 네 명철을 의지하지 말라 6너는 범사에 그
를 인정하라 그리하면 네 길을 지도하시리라

(2) 시편 32:8

시편 32:8 내가 네 갈 길을 가르쳐 보이고 너를 주목하여 훈계하리로다

3) 영적인 필요

(1) 에베소서 1:3

에베소서 1:3 찬송하리로다 하나님 곧 우리 주 예수 그리스도의 아버지께서 그리스도 안에서 하늘에 속한 모든 신령한 복을 우리에게 주시되

(2) 빌립보서 4:13

빌립보서 4:13 내게 능력 주시는 자 안에서 내가 모든 것을 할 수 있느니라

하나님께서는 모든 사람들이 물질적으로 백만장자가 되게 하지는 않으신다. 어떤 이들은 화려한 저택에서 살고 있지만, 단칸방에서 사는 사람들도 있다. 그러나 하나님께서는 모든 그리스도인들을 영적 백만장자로 만드셨다. 우리의 과제는 하나님께서 우리에게 주신 영적 유산을 누리는 것이다.

3 하나님을 신뢰할 수 있는 이유

하나님께서 약속을 지키실 것을 신뢰할 수 있는 이유를 적어 보라.

1) 시편 9:10

2) 시편 115:11

3) 이사야 26:4

이사야 26:4 너희는 여호와를 영원히 신뢰하라 주 여호와는 영원한 반석이심이로다

4) 나훔 1:7

나훔 1:7 여호와는 선하시며 환난 날에 산성이시라 그는 자기에게 피하는 자들을 아시느니라

5) 사무엘하 7:28

사무엘하 7:28 주 여호와여 오직 주는 하나님이시며 주의 말씀들이 참되시니이다 주께서 이 좋은 것을 주의 종에게 말씀하셨사오니

4 응답받지 못하는 기도

우리는 3과에서 응답받지 못하는 기도에 대해 조금 다루었다. 하나님의 뜻대로 구하지 않거나(약 4:3), 의심하는 자는(약 1:6-8) 응답받지 못한다고 했다. 이제 조금 더 자세하게 살펴보도록 하자. 구한 것을 그대로 받지 못하는 기도의 경우는 또 어떤 것들이 있을까?

1) 기도의 응답이 오래 지체되는 경우가 있다(예: 메시아의 재림). 이것은 응답받지 못하는 것이 아니라 기도의 응답이 아주 오래 지체된 경우이다. 하나님의 때까지 기다릴 수밖에 없다.

2) 하나님께서 다른 계획을 가지고 계실 때가 있다.

(1) 요셉 (창 41:21)

(2) 예수님 (눅 22:42)

(3) 바울 (고후 12:8-9)

3) 확실한 것은 하나님께서 우리 모두의 기도를 들으신다는 것이다. 어떤 기도든 하나님의 뜻에 합당하게 응답하실 것을 신뢰하라(계 5:8; 8:3-4).

적용

1. 이 과에서 당신에게 가장 의미 있는 것은 무엇인가?

2. 다음의 빈칸에 과거에 응답받은 세 가지 이상의 기도제목을 적고 하나님께 감사하는 기도를 드리라. 만약 응답받은 기도가 없다면 응답받기 원하는 기도를 적어 보라.

기도제목	감사

외울 말씀 예레미야 33:3
너는 내게 부르짖으라 내가 네게 응답하겠고 네가 알지 못하는 크고 은밀한 일을 네게 보이리라

읽을 말씀 사도행전 9-10장

제6과
경건의 시간 시작하기

학 습 목 표 : 날마다 당신의 기도생활이 지속적이고 효과적이 될 수 있도록 한다.

하나님의 아들인 예수 그리스도도 일정한 시간을 정해 하나님 아버지와 교제하셨다. 예수 그리스도보다 더 바쁜 사람은 아마 없을 것이다. 그는 많은 무리들에게 설교하시고 병자를 고치시며, 전도 여행을 떠나시고 제자들을 가르치시느라 아침부터 저녁까지 무척 바쁘신 중에도 홀로 하나님과 지내는 시간을 보내셨다.

고금을 통하여 하나님의 위대한 일을 한 사람들의 기록과 전기들에는 경건의 시간의 필요성이 기록되어 있다. 감리교의 창설자이며 하나님의 능력으로 세계를 진동시킨 위대한 영적 지도자의 한 사람인 존 웨슬리(John Wesley)는 다른 어떤 일보다 기도가 그의 본업이라고 고백했다.

어린 아이가 성장하기 위해서는 음식이 필요한 것과 마찬가지로 우리가 영적으로 성장하기 위해서는 영적 양식이 필요하다. 한 끼 정도 굶는 것은 괜찮겠지만, 일주일을 굶으면 몸이 쇠약해지고 병든다. 영적 생명도 마찬가지다. 성경 공부와 기도는 영적 생활에 절대적인 요소이다. 말씀을 먹고 기도하는 일을 하루쯤 쉴 때는 우리의 영적 생활에 별로 이상이 나타나지 않을지 모르나, 만약 일주일을 중단하면 승리하는 그리스도인의 삶의 능력을 상실하고 말 것이다.

그리스도인의 생활은 전쟁터의 군인과 비교할 수도 있다. 최전선에 나가 있지만 무전기를 통해 사령부와 연결이 되어 있어 수시로 당면한 문제와 어려운 사정을 보고하고, 사령관은 이 보고에 의해 전투 지역의 상황을 파악한 후 명령을 내릴 수 있다.

이처럼 그리스도인들도 하나님이 말씀으로 인도하시고 지시하시는 것을 따라, 그들의 기쁨과 슬픔, 승리와 패배, 그리고 필요한 모든 것을 하나님과 함께 나눌 수 있다. 우리들의 싸움을 지휘하시는 분은 하나님 아버지이시다. 그분은 우리가 취해야 할 조치를 모두 알고 계신다. 그러므로 우리는 그분의 인도하심을 받기 위해 충분한 기도 시간을 마련해야 한다.

1 일정한 시간을 정하라

매일 경건의 시간을 통해 예수 그리스도와 교제하는 개인적인 예배와 묵상을 시작하라. 이렇게 하루를 시작하면 하루 종일 주님과 교제를 지속할 수 있다(시 119:97; 살전 5:17).

1) 각자의 하루 일정이 다양하지만 많은 사람들은 그날의 일과를 시작하기 전, 아침 시간을 선호한다.

(1) 다윗은 '하나님의 마음에 합한 사람'이라 일컬어졌다. 그는 언제 하나님과 교제를 했는가? (삼상 13:14; 행 13:22)

(2) 예수님의 경건의 삶에 대한 두 가지 특징을 적어 보라. (막 1:35)

마가복음 1:35 새벽 아직도 밝기 전에 예수께서 일어나 나가 한적한 곳으로 가사 거기서 기도하시더니

2) 당신이 경건의 시간을 갖기 위한 가장 좋은 때가 언제인지 정하라.

어느 누구도 너무 바빠서 기도와 성경공부에 할애 할 시간이 없다고 말할 수 없다. 우리는 정말 자기가 하고 싶은 일에는 시간을 내기 때문이다. 길든지 짧든지 일정한 시간을 마련하라.

경긴의 시간을 쫓기듯이 보내지 말라. 다음 시간에 해야 할 일을 생각하지 말라. 주님과의 교제에 마음을 집중하라. 날마다 일정한 시간에 갖는 것이 효과적이다. 집중하는 짧은 시간이 여러 가지 일로 마음이 분산되는 긴 시간보다 낫다.

2 일정한 장소를 정하라

예배드릴 수 있는 조용한 개인 공간을 찾고 주위가 산만한 곳을 피하라. 개인 공간을 찾을 수 없다면 집중하는 것을 배워야 한다. 자신의 집이나 방에서 경건의 시간을 가질 수 없다면 아래 장소 중 어느 한 곳이 적당할 것이다.

* 학교 운동장 구석 또는 공원

* 학교 도서관의 한쪽 구석

* 당신의 사무실(출퇴근 전후)

개인기도와 성경공부를 하기에 적절한 다른 장소 세 곳을 적어 보라.

1)

2)

3)

마가복음 1:35을 보면 그리스도는 방해를 받지 않고 조용히 지낼 수 있는 장소를 택하셨다. 이것이 경건의 시간의 기본 요소이다. 우리는 시간을 집중하여 전적으로 하나님께 드릴 수 있어야 한다. 가능하면 좋은 장소 곧 교회나 아름다운 자연 경관으로 둘려진 장소가 좋다. 이것이 불가능하다면, 찬송을 부르거나 찬양을 들으며 경건의 시간을 진정한 예배의 시간으로 바꿀 수 있다. 이렇게 하면 하루의 어떤 일과보다 경건의 시간이 더욱 즐거울 것이다.

3 경건의 시간의 목적과 내용

1) 경건의 시간의 목적은 하나님과 개인적이고 깊은 교제를 통해 우리의 영적인 필요를 채우는 것이다.

우리가 다른 사람의 영적 성숙을 돕기 위해서는 우리 자신의 영적 생활이 높은 수준에 있어야 한다. 유(類)는 유(類)를 낳는다.

경건의 시간을 통해 자신의 죄를 발견하고 고백하며 앞에 놓인 일들에 대한 재헌신을 다짐해야 한다. 전날의 영적 싸움을 재정비하고 다음날의 공격을 계획해야 한다.

(1) 당신은 오늘 어떤 영적 필요를 느끼고 있는가?

(2) 어제는 어떤 영적 전투를 치렀는가?

2) 경건의 시간은 성경공부, 기도, 개인적 예배, 조용한 묵상이 포함된다.

이 모든 요소가 서로 밀접하게 연관되어 있어서 실제로는 동시에 이루어진다. 예를 들어, 감사의 시편이나 찬송의 시편을 읽으며 시작하라. 읽을 때 당신의 마음이 반응하며 계속 감사하는 마음으로 찬양과 경배를 드리게 된다. 로마서 8장과 같은 성경 본문을 읽을 때도 그리스도인으로서 당신에게 적용되는 각각의 진리에 대해 읽는 것을 잠깐 멈추고 하나님께 감사하라. 그렇게 하기 시작할 때, 하나님께 감사하며 찬양할 것이 얼마나 많은지 발견하고 놀라게 될 것이다.

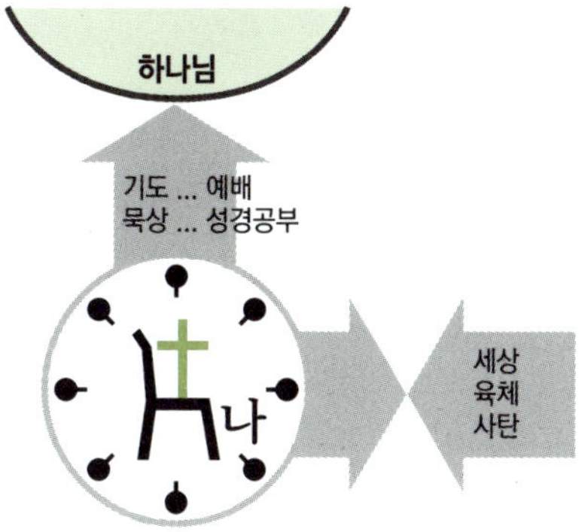

지금 잠시, 시편 103편을 읽고 기도한 후 하나님께서 주시는 가르침에 잠잠히 귀 기울이라. 마음에 어떤 생각이 떠오르면 적어 보고 이것들을 위해 기도하라.

우리의 능력은 돈이나 재능이나 열심과 헌신에 있지 않다. E.M. 바운즈(Bounds)는 다음과 같이 썼다. "교회는 더 좋은 방법들을 찾고 있으나 하나님은 더 나은 사람을 찾고 계신다. 오늘날 교회가 필요한 것은 더 많고 더 좋은 시스템, 더 새로운 조직, 또는 참신한 방법들이 아니라, 성령께서 쓰실 수 있는 사람, 즉 기도의 사람, 기도의 능력이 있는 사람들이다. 성령님은 방법을 통해 역사하시는 것이 아니라 사람을 통해 역사하신다. 그분은 시스템에 임하시는 것이 아니라 사람에게 임하신다. 그분은 계획에 기름 부으시는 것이 아니라 사람들, 즉 기도의 사람들에게 기름을 부으신다."

적용

1. 이 과에서 당신에게 가장 의미 있는 것은 무엇인가?

2. 다음 항목에 해당하는 것을 정해보라.

(1) 나는 매일 경건의 시간을 갖기 위해 다음과 같이 하루 중 일정한 시간을 따로 떼어 놓겠다.

(2) 나는 다음 장소에서 경건의 시간을 가질 것이다.

(3) 내가 일정한 시간과 장소를 정해서 경건의 시간을 갖는 목적은 다음과 같다.

(4) 나는 경건의 시간에 다음과 같은 활동들을 할 것이다.

외울 말씀 이사야 40:31

오직 여호와를 앙망하는 자는 새 힘을 얻으리니 독수리가 날개치며 올라감 같을 것이요 달음박질하여도 곤비하지 아니하겠고 걸어가도 피곤하지 아니하리로다

읽을 말씀 사도행전 11-12장